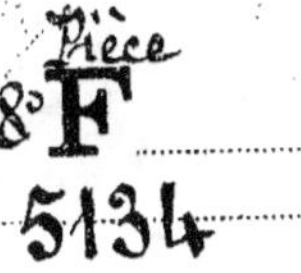

ARSÈNE RICHARD,

Président du Comice Agricole de Florenville
Secrétaire de la Chambre de Commerce
du Luxembourg Belge.

LES

Relations Douanières

FRANCO-BELGES

Avant et après la Guerre

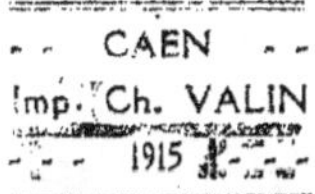

CAEN
Imp. Ch. VALIN
1915

Les Relations Douanières

FRANCO-BELGES

avant et après la guerre

PAR

Arsène RICHARD

Président du Comice agricole de Florenville
Secrétaire de la Chambre de Commerce du Luxembourg belge

Le point de départ de la guerre de 1914-1915 est certes l'idée Allemande, à la fois commerciale et militaire, de gouverner le monde par les affaires soutenues par les armes.

« Deutschland über alles », « l'Allemagne au-dessus de tout », avait comme pensée primordiale la supériorité de l'industrie et du commerce allemand, et l'accaparement du commerce de ses voisins. L'Allemagne dictant ses conditions à l'univers, et maîtresse de toutes les colonies, soit directement ou indirectement, c'était l'apothéose de la guerre pour l'empire allemand s'il était victorieux. Il n'en sera heureusement rien, grâce aux héroïques armées française, russe, britannique, belge, serbe et italienne.

L'Allemagne qui avait pu, dans la paix, avoir une industrie et un commerce des plus florissants, ne pouvait les conserver à la puissance où ils étaient arrivés par suite du militarisme dont les dépenses avaient dû être prises en partie à l'impôt indirect du droit de douanes, et qui amenait le protectionnisme, car depuis 30 ans l'Allemagne est devenue protectionniste enragée. Les exigences des agrairiens provoquèrent l'augmentation du prix de la vie, qui devait amener l'augmentation du salariat, et indirectement du prix des produits fabriqués. L'Allemagne ne pouvait continuer dans ces conditions, avec les charges militaires toujours aggravées, sans compromettre les prix de sa production, et par conséquent son exportation. Il n'y avait qu'une solution pour le militarisme, agrandir son marché en dictant ses conditions à ses voisins et à une partie de l'univers ; c'est, croyons-nous, une des grandes causes de la guerre actuelle. D'ailleurs, le protectionnisme, le militarisme et la guerre doivent marcher de pair ; le libre échange, l'industrialisme et la paix sont des faits nécessairement concomittants. Aussi, c'est pour cela que l'Allemagne, essentiellement militariste, dans l'esprit de conquête, de violence, d'oppression, et non point de défense, a toujours été une nation lancée plus que toute autre dans le protectionnisme le plus agressif. On nous dira peut-être : « La France est également protectionniste », mais les conditions ne sont pas les mêmes, nous les développerons d'ailleurs ultérieurement.

Le commerce de l'Allemagne sortira amoindri, d'abord parce que les alliés lui dicteront leurs clauses commerciales, et parce que l'influence morale des peuples en guerre tiendra une grande partie de ses relations entre alliés. D'autre part, la marine marchande allemande sortira fortement diminuée des événements actuels, par la perte d'une partie de sa flotte, et par suite des pertes de relations avec bien des ports, négociants armateurs et industriels des pays alliés. On peut dire hardiment que la Confédération germanique perdra plus de la moitié de son commerce, mais à une condition, c'est que l'on puisse offrir les produits en concurrence avec elle, à des conditions analogues ; c'est pourquoi les alliés devront aller vers le libre-échange entre eux, condition *sine qua non* de réussite pour les raisons que nous allons développer plus loin.

Nous voulons démontrer dans le présent travail, quelles étaient les relations entre la France et la Belgique avant la guerre, et passer en revue les causes de restriction des affaires entre les deux pays. Nous examinerons à cet effet quels en étaient les motifs : les droits protectionnistes (droits d'entrée), les surtaxes d'entrepôt, les mesures sanitaires douanières, les droits de statistique, et la tolérance douanière.

Les Commerces français et belges :

Afin de pouvoir fixer l'importance des relations franco-belges, nous devrons d'abord examiner l'importation, l'exportation de chacune d'elles ; leurs commerces avec les principales nations, et faire ressortir l'importance des trafics que nous donnent les statistiques publiées ci-dessous :

Commerce spécial belge en 1913 (Statistiques de l'administration belge) :

A l'importation, la valeur atteint.	4.958.009.199 fr.
A l'exportation, la valeur atteint	3.951.478.572
Importation et exportation réunies.	8.909.487.771 fr.
Au transit, la valeur atteint	2.437.294.510
Exportation, importation et transit (total) . .	11.346.782.281 fr.

Importation (quantité en kilogs) 31.282.536.916
Exportation (quantité en kilogs). 20.866.855.489
Transit (quantité en kilogs) 6.591.987.694
Droits perçus : 76.460.572. francs.

Les marchandises soumises aux droits de douane représentent, pour les *quantités* : 9.6 %, et pour les *valeurs* : 16.7 % du montant total des importations.

Commerce spécial français en 1913 (Statistiques de l'Administration française) :

A l'importation, la valeur atteint . . . . 8.421.000.000 fr.
A l'exportation, la valeur atteint 6.880.000.000

Importation et exportation réunies. . . . . . . 15.301.000.000 fr.
Importation (quantité en kilogs) 44.220.386.000
Exportation (quantité en kilogs) 22.074.513.000
Transit (quantité en kilogs). 9.606.118.000
Droits perçus. 742.000.000

En comparant les droits perçus, on voit que les droits d'entrée en France sont énormes.

En examinant ces statistiques et la population française de 39 millions d'habitants, et la Belgique de 7 ½ millions, nous devons en tirer cette conclusion : que cette différence considérable est due pour une grande partie au libre échange appliqué par la Belgique. Ce libre échange, comme nous l'avons déjà dit, a une influence considérable sur le coût de la vie, sur le prix du produit fabriqué et sur l'exportation. Nous le répétons à nouveau parce que la question est importante et qu'elle démontre combien les protectionnistes ont tort. Plus la guerre se poursuit, plus on travaille pour le triomphe définitif de la civilisation, de la sécurité, du respect du droit contre la barbarie, la violence, l'appétit de la domination ; plus il est intéressant de songer au moment où la paix se fera, ce qui ne pourra pas être la dissolution des alliances intimement contractées contre cette barbarie, mais leur conservation même, et leur développement logique. En première ligne arrive une application véritable de la liberté des échanges entre peuples alliés. Reconnaissons de suite qu'il serait difficile de faire un libre échange complet entre les différentes nations, parce que la question *fisc* y est intimement liée ; c'est le cas de la France. La coutume d'avant la guerre : impôts indirects, par exemple sur le blé, le pétrole, la viande, que nous, Belges, ne pourrions adopter sans renverser tous nos systèmes économiques ; la France ne pourra peut-être les supprimer complètement, à cause de la question fiscale.

Mais ne pourrait-on s'entendre pour faire un libre échange des animaux des races chevaline, bovine, ovine et porcine ; du beurre, des pommes de terre, quitte à imposer les produits allemands d'un droit de surtaxe, s'ils entrent par l'un ou l'autre des pays alliés. Pour les produits fabriqués, on ne pourra peut-être aller vers un libre échange complet, mais vers un échange plus considérable basé en partie sur le libre échange, en partie sur de faibles droits d'entrée. Nous en reparlerons d'ailleurs.

Quelle est l'importance du Commerce franco-belge ?

Nous en publions ci-dessous les statistiques, qui demandent un examen sérieux, et dont il y a une foule de conclusions à tirer :

Commerce de la Belgique avec l'Allemagne, la France et la Grande-Bretagne (Statistiques de l'Administration belge en 1913) :

Pays de provenance et de destination	Importations en Belgique Commerce spécial - Année 1913		Exportations de Belgique Commerce spécial - Année 1913	
	Quantités kil.	Valeurs frs.	Quantités kil.	Valeurs frs.
ALLEMAGNE.........	9.584.909.000	703.120,000	4.626.915.000	1.007.469.000
FRANCE.............	7.462.639.000	908.048.000	8.037.049.000	752.314.000
GRANDE-BRETAGNE .	2.699.204.000	505.527.000	1.776.983.000	540.285.000

Commerce de la France avec l'Allemagne, la Belgique, la Grande-Bretagne (Statistiques de l'Administration française en 1913) :

Exportations de France (Commerce spécial)

Pays de destination	Valeurs (en 1913)		Pays de destination	Valeurs (en 1913)	
ANGLETERRE	1.453 millions	9	INDO-CHINE FRANÇAISE	85 millions	6
BELGIQUE	1.108 —	5	RUSSIE	83 —	3
ALLEMAGNE	866 —	8	PAYS-BAS	82 —	7
ALGÉRIE.	552 —	6	MAROC	78 —	8
ETATS-UNIS	422 —	6	CONGO, SÉNÉGAL et		
SUISSE	406 —	2	autres Etabliss. de		
ITALIE	305	8	la côte Occidentale		
AUTRICHE-HONGRIE ..	43 —	8	d'Afrique..........	54 —	7

Pays de destination	Valeurs (en 1913)	Pays de destination	Valeurs (en 1913)
RÉPUBLIQUE ARGENTINE	199 millions 9	CHINE	20 millions 7
ESPAGNE	151 — 2	JAPON	15 — 2
TUNISIE	100 — 1	ST-PIERRE, MIQUELON ET GRANDE PÊCHE	3 — 9
AUSTRALIE	14 — 9	ETABLISS. FRANÇAIS DANS L'INDE	0 — 7
ETABLISSEMENTS FRANÇAIS EN OCÉANIE	9 — 6	ZONES FRANCHES (Pays de Gex et Haute-Savoie)	57 — 1
GUYANE FRANÇAISE	9 — 6		
MADAGASCAR ET SES DÉPENDANCES	38 — 3		

Importations en France (Commerce Spécial)

Pays de provenance	Valeurs (en 1913)	Pays de provenance	Valeurs (en 1913)
ANGLETERRE	1.115 millions 1	TUNISIE	81 millions 5
ALLEMAGNE	1.068 — 8	ST-PIERRE, MIQUELON ET GRANDE PÊCHE	42 — 9
ETATS-UNIS	894 — 7	ETABLISS. FRANÇAIS DANS L'INDE	34 — 1
BELGIQUE	556 — 3	MADAGASCAR ET SES DÉPENDANCES	30 — 7
RUSSIE	458 — 1	MARTINIQUE	22 — 7
INDES ANGLAISES	388 — 3	ILE DE LA RÉUNION	16 — 6
RÉPUBLIQUE ARGENTINE	369 — 3	AUTRES PAYS D'AFRIQUE	16 — 6
ALGÉRIE	330 — 8	COTE OCC. D'AFRIQUE	16 — 1
ESPAGNE	281 — 6	GUADELOUPE	14 — 8
ITALIE	240 — 5	ETABL. FRANÇ. EN OCÉANIE	14 — 8
CHINE	174 — 3	GUYANE FRANÇAISE	3 — 4
SUISSE	135 — 2	ZONES FRANCHES (pays de Gex et Haute-Savoie)	29 — 3
JAPON	124 — 4		
INDO-CHINE FRANÇ.	104 — 4		
AUTRICHE	103 — 5		
CONGO, SÉNÉGAL et autres établiss. franç. de la côte d'Afrique	96 — 2		

QUE VOYONS-NOUS ?

La Belgique achète à la France pour 908.048.000 francs et lui vend pour 752.314.000 francs (Statistiques belges).

La France vend à la Belgique pour 1.108.500.000 francs et achète pour 556.300.000 francs (Statistiques françaises).

En tenant compte de la population de la Belgique, de 7 millions ½ d'habitants et de celle de la France de 39 millions, il est un fait évident que le protectionnisme et autres mesures douanières sont cause de cette restriction.

Etablissons maintenant quelques tableaux de comparaison entre les exportations, de la France en Belgique, avec celles des autres nations. Nous nous servirons de la statistique française, page 56 du Recueil des Statistiques de 1913.

Exportations de France.

COMPARAISONS

En Belgique .... 1.108.500.000 fr.
- En Angleterre ..... 1.453.900.000 fr.
- En Allemagne ..... 866.800.000 fr.

En Belgique ...... 1.108.500.000 fr.
- Aux Etats-Unis ... 422.600.000 fr.
- En Suisse .... 406.200.000 fr.
- En Russie .... 83.300.000 fr.

Total... 912.100.000 fr.

En Belgique ...... 1.108.500.000 fr.
- Aux Pays-Bas ..... 82.700.000 fr.
- En Autriche-Hongrie 43.800.000 fr.
- En Espagne .... 151.200.000 fr.
- En Italie .... 305.800.000 fr.
- En Suisse .... 406.200.000 fr.

Total... 989.700.000 fr.

En Belgique ..... 1.108.500.000 fr.
- Aux Pays-Bas ..... 82.700.000 fr.
- En Russie .... 83.300.000 fr.
- En Algérie .... 552.600.000 fr.
- En Espagne .... 151.200.000 fr.
- En Chine .... 20.700.000 fr.
- Au Japon .... 15.200.000 fr.
- En Australie ...... 14.900.000 fr.

Total... 920.600.000 fr.

Algérie	552.600.000 fr.
Tunisie	100.100.000 fr.
Indo-Chine	85.600.000 fr.
Maroc	78.800.000 fr.
Congo, Sénégal et autres établiss. de la Côte occidentale d'Afrique ...	54.700.000 fr.
Madagascar et ses dépendances	38.300.000 fr.
Etabliss. franç. en Océanie	9.600.000 fr.
Guyane Française ..	9.600.000 fr.
Ile de la Réunion...	7.900.000 fr.
St-Pierre, Miquelon et Grande Pêche .	3.900.000 fr.
Etabliss. franç. de l'Inde.	700.000 fr.
Total.....	941.800.000 fr.

La Belgique .... **1.108.500.000 fr.** supérieure aux achats des colonies françaises à la France

N. B. — Cette comparaison ne doit pas être considérée comme une critique coloniale, étant nous-mêmes partisans des colonies, mais comme rapport trafic belge et colonial français.

De ces différents tableaux, nous concluons que la Belgique est une des bonnes clientes de la France ; si nous achetons plus à la France qu'elle ne nous achète (la statistique belge reconnaît le chiffre d'affaires de 754.314.000 francs), c'est au régime protectionniste français que nous devons en vouloir, car il nous empêchait souvent l'entrée du marché français, et par le fait même nuisait à l'industrie française, qui, en se croyant protégée, avait des prix qui lui empêchaient l'exportation.

Ceci nous amène à étudier quelles sont les parties de la France qui achètent le plus à la Belgique, et vice-versa. Deux choses nous l'indiquent dans une certaine mesure, aussi devons-nous jeter un coup d'œil sur ces deux situations.

Les moyens de transport et le tonnage.

Nous en donnerons une idée complète; ce sont les routes, les chemins de fer, les canaux et la mer, qui ont amené les échanges des peuples et le développement de toutes les relations économiques.

Exportation de France en 1913 (Statistique du poids par terre et par mer)

EN BELGIQUE	**PAR MER**	Par navires français ...	63.249	tonnes	1.14 %	Valeurs des exp. par mer :
		Par — belges	35.258	—	1.31	
		Par — tiers	24.568	—	1.52	1.249.369 frs
		Total.........	123.075	—	1.25	
	PAR TERRE	Chemins de fer et canaux	8.441.174	—	51.70	
		Total........	8.564.249	—	32.70	
EN ALLEMAGNE	**PAR MER**	Par navires français ...	163.822	tonnes	2.95 %	
		Par — allemands ..	86.149	—	3.20	
		Par — tiers	83.794	—	5.19	
		Total.........	333.765	tonnes	3.39	
	PAR TERRE	Chemins de fer et canaux	5.510.505	tonnes	33.75	
		Total.......	5.844.270	tonnes	22.32	

Importation en France en 1913 (Statistique du poids par terre et par mer)

DE BELGIQUE	**PAR MER**	Par navires français ...	18.342	tonnes	0.28 %	Valeur importée par mer :
		Par — belges	30.108	—	0.25	
		Par — tiers	9.564	—	0.08	673.893 frs
		Total.........	58.014	tonnes	0.19	
	PAR TERRE	Chemins de fer et canaux	8.453.476	—	45.86	
		Total........	8.511.490	tonnes	17.50	
D'ALLEMAGNE	**PAR MER**	Par navires français ...	158.186	tonnes	2.32 %	
		Par — allemands .	381.317	—	3.16	
		Par — tiers	693.043	—	4.08	
		Total........	1.239.937	tonnes	4.08	
	PAR TERRE	Chemins de fer et canaux	7.976.256	tonnes	43.27	
		Total..........	9.209.193	tonnes	18.94	

Nous en concluons qu'à l'exportation de France, sur un chiffre de 8.564.249 tonnes envoyées en Belgique, 8.441.174 entrent par voies de terre, c'est-à-dire par chemins de fer et canaux et 123.075 entrent par voie de mer.

Il résulte donc que les expéditions par mer sont peu importantes : c'est que le commerce franco-belge, à l'importation en Belgique, se fait surtout avec les départements de l'Est, du Nord et du centre de la France. S'il en était autrement, c'est-à-dire si le trafic se faisait avec l'Ouest et le Midi, les expéditions se feraient par voies maritimes. En examinant ensuite l'importation en France, venant de Belgique, nous verrons que sur un tonnage de 8.511.499 tonnes, 58.014 seulement entrent par les ports français. De ce côté donc également, il est prouvé que peu de ventes de la Belgique se font par les ports français. Il en découle que le commerce de la Belgique ne s'étend, pour beaucoup de produits belges, que dans les départements des régions dont nous venons de parler. D'ailleurs, pendant notre séjour près de Caen, nous nous sommes entretenus plusieurs fois avec M. Hippolyte Lefèvre, Président de la Chambre de Commerce de Caen, et il nous a été dit que les relations du port caennais étaient nulles avec Anvers, Gand, Ostende (1).

A l'importation en France par voie de mer, l'Allemagne a été beaucoup plus heureuse que nous ; l'un des tableaux ci-dessus annonce que l'Allemagne a importé en France, par voie maritime, en 1913, 1.239.937 tonnes, alors que la Belgique n'a importé que 58.014 tonnes. A l'exportation, il existe également une situation analogue, mais dans des proportions moindres cependant. L'Allemagne importe en France 333.765 tonnes, la Belgique 123.075 tonnes.

Tout cela démontre que le commerce belge fait peu d'affaires avec l'Ouest et le Midi ; il y aurait donc là toute une clientèle pour le commerce franco-belge.

LA SITUATION DOUANIÈRE FRANCO-BELGE AVANT LA GUERRE

La Belgique est un pays à principe libre-échangiste. Nous estimons pour notre part que c'est grâce à cette loi économique que la Belgique a

---

(1) Le trafic du port de Caen :

	Importations en tonnes	Exportations en tonnes
1909. . . .	518.062	245.229
1911. . . .	547.316	347.036

Dans ce trafic il y a cependant une belle place pour la Belgique : importation de minerais de fer de Normandie ; exportation de charbons belges soit du Hainaut, soit du nouveau bassin minier du Limbourg.

pu vivre et grandir, et devenir, grâce à l'énergie de ses habitants et à ses moyens de transport, eu égard à sa population, la première nation du monde, économiquement parlant. La France est du régime protectionniste, nous dirons même franchement, souvent aux droits prohibitifs. Nous devons faire une légère étude de cette situation. Les droits de douane doivent être considérés de deux genres : d'abord fiscaux, puis protectionnistes. Ceci nous fait jeter un regard en arrière et voir que depuis les Grecs, les Carthaginois et les Romains, jusque sous Colbert, les droits de douane étaient purement fiscaux. C'est sous Colbert, par les tarifs de 1664 et 1667, que le système protectionniste vit le jour. A partir de ce moment, nous assistons à une guerre perpétuelle de tarifs, et nous les voyons figurer dans tous les traités de paix. La célèbre ligue de Manchester fit une campagne contre les lois favorisant le protectionnisme des céréales. Bastia fit connaître ces théories en France, une ligue se forma à Bordeaux ; les ports maritimes s'y joignirent, et ce ne fut que le 23 janvier 1860 que fut signé le fameux traité de commerce avec l'Angleterre, qui supprima les prohibitions. Nous avons tenu à jeter un coup d'œil sur cette situation, parce que c'est l'histoire des théories protectionnistes et libre-échangistes. Voyons maintenant la situation franco-belge. C'est en 1882 que fut conclu entre la Belgique et la France un traité de commerce pour 10 ans, dont l'échéance était le 1er février 1892. Ce traité était aux droits minimes. Pendant cette période de 10 ans, la théorie protectionniste avait gagné beaucoup de terrain au dedans de la France et au dehors, sauf en Belgique et en Angleterre. L'Allemagne, sous la direction de M. de Bismarck, renonça au tarif modéré qu'elle avait conclu en 1865 avec la France et l'Autriche, entra en 1879 dans un régime douanier nettement protecteur, qui est devenu de jour en jour plus protectionniste.

La France qui, en vertu du traité de Francfort, avait accordé à l'Allemagne le traitement de la nation la plus favorisée, voulant repousser l'entrée des produits allemands, et d'autre part, conduite par les agrairiens du groupe Méline, alla aux tarifs protectionnistes.

Le groupe Méline, sous prétexte de concurrence extérieure et de crise agricole, alla vers un protectionnisme considérable qui amena une véritable fièvre protectionniste dont s'emballa également l'industrie. A partir de 1892, elle dénonce tous les traités de commerce et dépose un projet de loi qui est devenu le tarif général du 11 janvier 1892, qui est entré en application le 1er février 1892. Cette loi fut désastreuse pour la Belgique, et pour nous qui vivons dans le Luxembourg belge, à l'extrême frontière. Elle jeta un trouble important à des populations qui, par suite de leur situation topographique, avaient des relations considérables avec la France.

Cette situation fut encore empirée par le tarif des douanes, modifié notamment par la loi du 29 mars 1910.

Nous allons faire la critique de ces tarifs, et nous classerons nos critiques comme suit : droits d'entrée, surtaxes d'entrepôt, mesures sanitaires douanières pour l'entrée des animaux, droits de statistiques d'entrées et de sorties, fermeture des bureaux des produits aux droits d'entrée de 20 francs et au-dessus, peu de tolérance dans le rayon frontière, telles étaient les mesures qui avaient amené une véritable barrière entre la France et la Belgique, et dont se ressentaient les relations entre les hommes, par le manque de relations commerciales. Nous tirerons ensuite les conclusions que notre expérience, à la fois du ressort de l'agriculture et du commerce, jointe à des relations et à une situation quasi française, car nous habitons à 2 kilomètres du territoire français ; le tout joint à une longue expérience des affaires commerciales et à l'observation des problèmes économiques, nous donne toute l'autorité pour exposer et défendre toutes les relations économiques franco-belges, comme nous le faisons dans le présent travail. Avant d'aborder le fond de la question douanière franco-belge, nous devons définir, à notre point de vue, l'importance respective de la base même des opérations commerciales et de leurs relations rapports.

Le Commerce intérieur. — Le Commerce extérieur et l'échange

Le Commerce intérieur, le commerce extérieur et l'échange sont liés intimement à l'essor économique de toute nation. Le Commerce intérieur met en rapport des gens qui vivent côte à côte et nécessitent dans une légère mesure le déplacement des produits. Ce Commerce est limité par la population même du pays et ses facultés de consommation. Il en est tout autrement du commerce extérieur qui peut s'étendre indéfiniment, aussi il est une des causes de développement infini de la richesse. Nous savons que l'importance du commerce extérieur est dû à des qualités naturelles, au prix du salariat, du coût de la vie, et aussi à l'initiative et à l'énergie individuelles. Il a pris un développement considérable depuis l'avènement de la grande industrie. S'il est une nation au monde qui fait, d'après sa population et l'étendue de son territoire, le plus vaste commerce extérieur, c'est la Belgique. Les statistiques que nous avons reproduites plus haut le démontrent suffisamment. C'est donc l'échange mondial qui a développé le commerce de tous les peuples, surtout celui de la Belgique. Il s'est développé avec les voies ferrées et les voies maritimes. Il a amené la richesse même de la nation et a permis à une petite nation comme la nôtre, petite en sol et forte en population, de se développer, de s'enrichir sans devoir s'expatrier, parce que cet échange a amené dans le pays même une industrie florissante qui a contribué au bien-être de l'agriculture. Si cet échange a pu monter chaque jour, c'est grâce à la liberté d'échange, qui a protégé notre commerce d'exportation en empêchant l'aggravation du prix de la vie, qui dans d'autres nations au système protectionniste (c'est le cas de la France et celui de l'Allemagne), n'a fait que surenchérir, et par conséquent augmenter le prix de la main-d'œuvre, base de toute production. Passons à la question des droits d'entrée.

LES DROITS D'ENTRÉE

Les droits d'entrée que nous allons traiter peuvent se subdiviser en trois catégories : ceux des produits agricoles, ceux des produits minéraux et ceux des produits fabriqués. Ceux des *produits agricoles* pourraient être divisés entre ceux du règne animal et ceux du règne végétal. Nous n'en ferons cependant qu'une seule et même catégorie, et nous dirons, après avoir examiné quelle était la situation avant la guerre, qu'on peut hardiment aller vers le libre échange entre la France et la Belgique sauf pour la question des blés, pour la France, à cause du point de vue fiscal, et dont on pourrait cependant diminuer les droits. Il en est de même pour les vins à leur entrée en Belgique, à cause du point de vue fiscal et impôts ; les droits d'entrée sur les vins étant considérés comme un impôt indirect sur la fortune présumée. Nous estimons, nous qui avons vu et jugé de près la protection de l'agriculture, que ce n'est pas dans les droits d'entrée que réside la protection agricole, mais bien dans *l'augmentation des rendements* des produits de la terre, et dans *l'amélioration des races* chevaline, bovine, porcine et ovine. D'ailleurs, les produits agricoles sont protégés, d'abord par les circonstances naturelles et par l'amélioration constante de la nourriture humaine, grâce à l'augmentation de l'échange. Nous entendons par circonstances naturelles les conditions de production animale : une tête de bétail ne se fabrique pas comme une tonne de fer. La production bovine est limitée par les naissances, qui elles-mêmes sont limitées. Le produit étant relativement plus rare que ceux de toute autre industrie en production quasi illimitée ; d'un autre côté, la demande étant forte par suite de l'amélioration de la vie des hommes et ce, grâce à l'augmentation constante des salaires ; la viande a suffisamment de protection, sans droits d'entrée. Il en est de même des chevaux ; que voyons-nous, malgré le développement des chemins de fer, des tramways, des autos, des autobus, le prix du cheval ne fait que s'élever, grâce à la demande constante de l'industrie, et à une production limitée par la naissance. Il en est de même pour la race porcine, à des conditions cependant moindres, vu une naissance plus abondante et un temps moindre d'élevage. Pour les moutons, la question est la même que pour le bétail ; le troupeau disparaît de plus en plus parce que tout se cultive. La difficulté de trouver le berger est également une des causes de restriction de l'élevage ovin.

Restent le blé et l'avoine. Sur l'avoine, la France met un droit de trois francs, la Belgique un droit de trois francs. Le blé entre librement en Belgique et est frappé d'un droit de sept francs à son entrée en France. Pour les avoines, on pourrait aller au libre-échange, et abaisser le droit à leur entrée en Belgique et en France. Et par ce fait même il y aurait unification de prix, ce qui amènerait cette céréale, toutes autres conditions égales à un prix environ équivalent à celui d'avant la guerre. Quant au blé, la Belgique ne pourra jamais accepter de droit, d'abord à cause de sa théorie libre-échangiste, mais aussi par suite du problème social et économique. Le prix de la nourriture de la classe ouvrière est la force même de l'importance de notre production et de notre exportation. L'agriculture produit en somme des animaux qui rapportent un bénéfice important. Les céréales : avoine, blé et orge en rapportent moins. Le beurre, les pommes de terre et les produits de la basse-cour sont des plus rémunérateurs. Si l'on additionne les bénéfices de ces différentes productions, et si on prend la moyenne proportionnelle et qu'on la compare à celle de l'agriculture d'il y a 30 ans, on verra que même en Belgique, dans un pays de libre-échange, le bénéfice est plus considérable qu'il n'était autrefois et que l'agriculture, faite rationnellement, est devenue d'un rapport aussi important que celui de bien d'autres industries, toutes proportions gardées des capitaux engagés. Si nous nous sommes étendus sur la question agricole, c'est que nous considérons qu'elle est la base même de la question douanière et de la question exportation.

La richesse de l'exportation d'une nation amène le bien-être de son industrie, et indirectement de son agriculture. La France, en exportant davantage, et l'agriculture française en permettant à l'industrie d'exporter, augmente donc la demande de ses produits par le bien-être de la classe ouvrière ; il y aura lieu de tenir compte, après la guerre, de la rareté du bétail et des chevaux, c'est une occasion de plus pour faire le libre-échange.

Les *produits minéraux* sont nécessaires aux industries franco-belges ; il est vrai de dire qu'ils étaient légèrement taxés, parce qu'on prévoyait de part et d'autre les besoins en houilles et minerais divers.

Les *produits fabriqués*, tels que les fils, tissus, machines, verres, cristaux, etc..., étaient, il faut le reconnaître, taxés à leur entrée en France, de droits quasi prohibitifs, alors que chez nous les portes étaient largement ouvertes à l'industrie française. Le tarif général du 11 janvier 1892 et celui du 29 mars 1910 ont été pour la Belgique une barrière formidable à toute augmentation de trafic. Il faut tenir compte que la Belgique a perçu en 1913, des droits pour 74.460.572 francs pour une importation de 4.958.009.199 fr. (statistiques belges), tandis que la France a perçu 742 millions pour une importation de 8.421 millions (statistiques françaises). Nous croyons, dans ces conditions, qu'en tenant compte du côté fiscal, on ne puisse aller vers le libre échange complet.

La question fiscale jouant un grand rôle après les événements comme ceux de 1914-1915, surtout du côté français où les droits de douane apportaient une bien plus large part d'impôts qu'à la Belgique, on devrait donc rester à l'échange et échanger les produits dans de bonnes conditions, mais disons de suite que la situation à gros droits et même prohibitive ne peut plus exister entre nos deux nations, tout en tenant compte de la théorie du libre-échange où il sera possible de le faire.

LES SURTAXES D'ENTREPOT

Voilà la deuxième barrière douanière. La loi du 11 janvier 1892 a fait un tort considérable au commerce belge, aux ports d'Anvers et de Gand, en introduisant des surtaxes d'entrepôt. Ces droits ont obligé l'industrie française à acheter à des ports français, et par le fait même ils ont diminué sa liberté d'achat. D'autre part, lorsque la marchandise manquait dans les ports français, c'était amener un monopole indirect, préjudiciable pour l'industrie française. En Belgique, cette situation a fait un tort énorme à nos deux villes maritimes citées plus haut; pour les localités belges entre Dunkerque et Longwy, et sises le long de la frontière, les droits de surtaxes ont empêché au commerce local de ces localités de trafiquer librement avec la région frontière, alors que du côté belge c'était la liberté complète, les Belges ne connaissant aucune surtaxe. La France a fait cette prohibition en frappant les produits d'origine extra-européenne ou importés de certains pays d'Europe n'entrant pas par ses ports, de droits de surtaxes réellement prohibitifs. Cette situation doit disparaître par esprit de réciprocité, de justice, et aussi pour la liberté commerciale.

Les ports français trouveraient certes dans les nouvelles relations avec les ports belges, avec l'augmentation de l'importation et de l'exportation, une large part de compensation de ce que les droits de surtaxes pourraient lui faire perdre de trafic.

La fermeture des bureaux douaniers français

La fermeture des bureaux douaniers français est la troisième barrière. En Belgique, tout entre par le plus petit bureau de terre ; en France, les trois quarts des produits doivent passer par les bureaux situés sur des lignes de chemins de fer à large voie. C'est donc l'intolérance du côté français. Tout produit payant 20 francs de droits et au-dessus, et beaucoup de produits à droits légers, ne peuvent entrer par les bureaux de terre (routes). Cette clause, marquée par un astérisque devant les différents produits, au tarif douanier, cause un tort considérable à toutes les localités belges, de Dunkerque à Longwy. Nous devons citer un exemple : le long des départements des Ardennes, Meuse et Meurthe-et-Moselle, longeant la Belgique, entre Longwy et Givet, il y a **4** bureaux ouverts aux marchandises marquées d'un astérisque, et ce sont les bureaux de Longwy, Ecouviez, Illy et Givet. C'est inconcevable et tout à **fait** prohibitif.

On nous dira peut-être qu'avec une demande à la direction, faite sur papier timbré, on aurait souvent l'autorisation pour les produits payant moins de 20 francs de droits ; s'il s'agit de quantités assez conséquentes, on peut encore faire toutes ces formalités, mais que de retards et de restrictions aux affaires ; s'il s'agit de petites quantités, c'est arrêter net la vente belge. Nous estimons que tous les bureaux français doivent être ouverts à tous les produits venant ou passant par la Belgique. Enfin, nous allons parler d'une quatrième barrière, celle des mesures sanitaires.

Les mesures sanitaires pour l'entrée des animaux

Ces mesures ont été, des deux côtés de la frontière, des pierres d'achoppement aux affaires, et ont servi de mesures de prohibitions à beaucoup de transactions, surtout du côté français. Du côté belge, pour l'entrée des chevaux, ouverture de tous les bureaux de terre et de mer ; du côté français, ouverture de **8** bureaux, et seulement à certains jours, le long des départements des Ardennes, Meuse et Meurthe-et-Moselle, touchant à la Belgique.

Pour les porcs tués, du côté belge, ouverture de tous les bureaux ; du côté français, ouverture des **8** mêmes bureaux pour la région ci-dessus énoncée. Pour les porcs vivants, prohibition complète des deux côtés de la frontière : situation nuisible aux intérêts de l'agriculture et du consommateur ; prétexte de cette mesure : la stomatite aphteuse.

Pour la race bovine, en Belgique quelques stations sanitaires à certaines gares frontières ; expéditions directes sur les abattoirs des grandes villes. Tout cela est nuisible et impossible pour la moyenne culture et le moyen commerce. Encore une fois, restriction et mesures à augmenter les difficultés d'achat.

On devrait, à notre avis, établir en Belgique le libre-échange complet : visite dans tous les bureaux frontières (de route, de fer et de mer). On pourrait toutefois exiger que le bétail soit accompagné de certificats de la préfecture du département d'où il provient ; qu'il ne règne aucune fièvre aphteuse dans la région d'où proviennent ces animaux.

Du côté français, ce sont des mesures analogues, mais dont on n'apercevait pas l'effet, attendu que le bétail vient plutôt de France en Belgique. Les cultivateurs des régions frontières, dans le rayon de 60 kil., devraient pouvoir se rendre aux foires avec leurs animaux, soit les Français en Belgique, soit les Belges en France, avec une simple visite faite à la foire de la localité où il va. Ce serait faciliter les affaires et rendre aux habitants de ces régions la frontière illusoire. Un certificat du gouverneur de la province d'où ils proviennent attestant de la non existence de la stomatite aphteuse pour l'entrée des animaux de races bovine et porcine devrait suffire.

LES DROITS DE STATISTIQUE

Dans les relations directes entre frontières et par voies de terre, c'est une des grandes causes d'aggravation des charges de douanes par la France, pour les produits belges, alors que la Belgique n'exige aucune formalité de l'espèce. Les droits de statistiques ne devraient exister que lorsque le droit est au moins de 10 fr. ; la formule de déclaration en douane devrait être remise gratuitement au déclarant lorsqu'il s'agit d'un droit de moins de 3 fr., car il faut aller dans les bureaux de terre, chercher chaque fois cette formule dans un café ; elle revient au minimum à 0 fr. 20. Si nous y ajoutons 0 fr. 20 à 0 fr. 50 de droits pour les objets de peu de valeur, et les frais de statistiques, cela nous amène de 0 fr. 60 à 1 fr., pour une valeur de 2 à 3 fr. de marchandises. C'est empêcher réellement le petit commerce des localités frontières. Examinons maintenant les systèmes français et belge au point de vue de la tolérance.

LA TOLÉRANCE

La douane française, il faut le reconnaître, était d'une exigence extraordinaire à la frontière belge. Rien ne passait sans payer de droits. Du côté de la douane belge, tolérance la plus large pour les petites quantités, sauf pour les alcools. Il faut reconnaître que du côté du Zollverein, on était beaucoup plus tolérant. Nous espérons que les événements actuels rapprocheront davantage les Belges et les Français, et que l'administration douanière française en profitera pour laisser aux habitants des rayons frontières d'abord, et aux gens qui voyagent ensuite, une plus large latitude dans l'application des droits d'entrée, si droits d'entrée il y a. Nous terminerons là pour conclure, qu'entre la Belgique et la France, il doit y avoir une frontière illusoire, ce qui n'était pas le cas avant la guerre.

Les relations franco-belges doivent s'affirmer largement par un pacte solide et long.

LE TRAITÉ DE COMMERCE

C'est par un traité de commerce tolérant, basé sur le libre-échange si possible, sinon échangiste, que devront se nouer de nouvelles relations franco-belges. Jusque maintenant on vivait au jour le jour, la loi française douanière pouvant être changée à chaque instant. Il en résultait que les entreprises commerciales et industrielles n'ayant pas la certitude d'un placement d'une certaine durée, ne liaient pas les relations d'affaires. Ce traité devrait être fait pour long terme, 20 ans au moins, mais pour laisser une certaine liberté et ne pas jeter l'industrie dans le désarroi, il faudrait que ce traité puisse être renouvelé pour 10 ans, avec un préavis de 5 ans avant l'échéance du traité.

Ce traité de commerce devrait être fait sans surtaxe sur les produits entrant par les ports belges, à moins qu'ils ne viennent d'un pays ennemi. L'ouverture de tous les bureaux français et belges devrait être accordée à tous les produits ; mesures sanitaires pour l'entrée des animaux, plus larges et moins nombreuses ; facilités accordées aux habitants des régions frontières de commercer entre eux plus librement, surtout pour la vente des produits animaux ; droits de statistiques nuls pour les petites quantités ; le tout conforme aux idées que nous avons développées.

LA FRATERNITÉ FRANCO-BELGE

Dans l'exposé que nous venons de faire des rapports douaniers franco-belges, nous avons démontré quelle était la situation avant la guerre et de quelle façon il y a lieu de l'améliorer. Nous espérons que les relations économiques seront meilleures qu'elles n'étaient avant les événements de 1914-1915 et qu'elles seront favorisées par des relations douanières amicales dues à la fraternité franco-belge.

En vue de développer les relations économiques, il y aura lieu de créer de nouvelles lignes de chemins de fer à large voie et à voie étroite, reliant les deux pays, créer des lignes maritimes régulières entre Anvers, Gand, l'Ouest et le Midi de la France. faire de nouveaux canaux (entre autres celui de la Chiers, que l'on pourrait faire passer par la Belgique, de Montmédy à Longwy via Lamorteau, Virton, Musson. (Vœu de la Chambre de Commerce du Luxembourg belge.) D'autre part, le régime téléphonique devrait être amélioré, en diminuant le prix de la communication dans le rayon-frontière de 60 kilom., ceci dans l'intérêt du commerce et pour rendre la frontière illusoire (la Chambre de Commerce du Luxembourg belge lutte depuis plus de 4 ans pour cette juste réforme, appuyée par les Chambres de Commerce de Mons, Tournai et la Fédération des Associations industrielles et commerciales de Belgique. Enfin avec la diminution du port de la lettre et des imprimés, on ne pourrait qu'activer les relations franco-belges.

Nous terminons en souhaitant que les liens entre la France et la Belgique soient plus étroits, pour le bien-être des deux nations.